BEI GRIN MACHT SICH IHR WISSEN BEZAHLT

Interventionskonzept für ein Unternehmen zur Optimierung der Mitarbeiterzufriedenheit und der Arbeitsbedingungen

Kristina Stauberg

Bibliografische Information der Deutschen Nationalbibliothek:

Die Deutsche Nationalbibliothek verzeichnet diese Publikation in der Deutschen Nationalbibliografie; detaillierte bibliografische Daten sind im Internet über http://dnb.d-nb.de abrufbar.

ISBN: 9783346829405
Dieses Buch ist auch als E-Book erhältlich.

Druck und Bindung: Books on Demand GmbH, Norderstedt Germany
Gedruckt auf säurefreiem Papier aus verantwortungsvollen Quellen

Das vorliegende Werk wurde sorgfältig erarbeitet. Dennoch übernehmen Autoren und Verlag für die Richtigkeit von Angaben, Hinweisen, Links und Ratschlägen sowie eventuelle Druckfehler keine Haftung.

Das Buch bei GRIN: https://www.grin.com/document/1333855

Deutsche Hochschule für
Prävention und Gesundheitsmanagement
Hermann-Neuberger-Sportschule 3
66123 Saarbrücken

Hausarbeit

Name, Vorname	Stauberg, Kristina
Studiengang	M. A. Prävention und Gesundheitsmanagement
Studienmodul	Betriebliches Gesundheitsmanagement II
Datum Präsenzphase (siehe Ergebnisdokumentation)	22.08.- 24.08.2022
Aufgabe	Erstellung eines Interventionskonzeptes für das Unternehmen Stadtverwaltung Wubberberg

Inhaltsverzeichnis

1   Zusammenfassung Analyse als Fazit

Grundlage dieser Hausarbeit ist der Unternehmensbericht der Stadtverwaltung Wubberberg. In diesem Unternehmensbericht sind die Auswertungen der Arbeitsplatzanalyse und der Mitarbeiterbefragung ersichtlich. Darüber hinaus beinhaltet er die Daten zur Fehlzeiten- und Unfallstatistik sowie zur Altersstrukturanalyse der Mitarbeiter der Stadtverwaltung. Anhand dieser Daten wird im Folgenden die betriebliche und gesundheitliche Ausgangssituation der Stadtverwaltung analysiert. Mitarbeiter klagten über schlechte Arbeitsbedingungen, die Stress verursachen. Dazu gehörten fehlende ergonomische Lösungen am Arbeitsplatz, übermäßiger Lärm durch Gebäuderenovierungen und nicht höhenverstellbare Schreibtische. Darüber hinaus beschwerten sich viele über schlechte Beleuchtung in ihrem Arbeitsbereich. Dies spiegelt sich auch im Nohl-Wert je Dezernat wider, der den Grad der Gefährdung angibt (Nohl & Thiemecke, 1988). Die Mitarbeiterbefragung ergab, dass der Arbeitsumfang und die Aufgaben sehr belastend waren.

Das Durchschnittsalter liegt bei 46,9 Jahren. Besonders die Dezernate 1 und 2 zeigten diesen Effekt mit einem Durchschnittsalter von 49 Jahren. Laut Statistischem Bundesamt (Destatis, 2017) liegt das Durchschnittsalter im öffentlichen Dienst bei 44,5 Jahren, womit die Dezernate 1 und 2 deutlich älter sind.

Obwohl die Zahl der Krankenstände mit zunehmendem Alter abnimmt, nimmt die durchschnittliche Dauer der Arbeitsunfähigkeit weiter zu (Meyer, Wing, Schenkel & Meschede 2020, S. 458). Dies ist in der Stadtverwaltung Wubberberg zu beobachten, da die Dezernate 1 und 2 auch den höchsten Altersdurchschnitt und die höchste Inzidenz aufweisen.

Die Mitarbeiterbefragung ergab, dass die Mitarbeiter von ihren Vorgesetzten nicht unterstützt wurden, dies zeigte der Work Ability Index. Das Ergebnis des WAI war 31 – was laut Tempel (2010, S 232), als mäßig gilt. Der Work Ability Index (WAI) ist ein Instrument zur Erfassung der Arbeitsfähigkeit von Mitarbeitern und wurde von Ilmarinen & Tuomi im Jahr 2006 in Finnland entwickelt und getestet (2006, S. 1-25). Überanstrengung der Mitarbeiter kann zu Stress, körperlichen und psychischen Beschwerden führen. Dies erhöht auch die Wahrscheinlichkeit von Unfällen, Krankheitstagen und BEM-Fällen von Mitarbeitern. Folglich müssen diese Probleme sofort angegangen werden.

AH 1 Teilaufgabe 1

Unternehmensbeschreibung:

- Die Stadtverwaltung Wubberberg gehört zum Sektor der „Öffentlichen Verwaltung" und gliedert sich in eine Kernverwaltung (3.601 Mitarbeiter) und in 4 Eigenbetriebe (1.327 Mitarbeiter). Sie hat ihren Sitz in Oberfranken und ist in 6 Dezernaten, mit insgesamt 4.928 Mitarbeitern, gegliedert. Im Vergleich zu anderen Dezernaten empfinden die Mitarbeiter in den Dezernaten 1 und 2 aufgrund des gestiegenen Verantwortungs- und Aufgabenbereichs eine größere psychische Belastung. Beide Dezernate haben aufgrund ihrer alternden Mitarbeiter eine hohe Zahl an BEM- und Krankheitsfällen. Das Durchschnittsalter der Mitarbeiter im Dezernat 1 beträgt 51 Jahre und im Dezernat 2, 48 Jahre. Aufgrund der Überalterung, der hohen Krankenstände und BEM-Fälle sowie gleichzeitig aufgrund des Fachkräftemangels vor allem in Dezernat 4, prüft die Kernverwaltung die Einführung eines BGM. Hinzu kommt der Fachkräftemangel, der sich besonders im Dezernat 4 macht. Auch die Gebäudebereiche der Stadtverwaltung sind sehr marode, weshalb Teile der Mitarbeiter in provisorische Gebäude verlegt wurden. Dort gibt es leider eine hohe Lärmbelastung sowie fehlende ergonomische Lösungen. Außerdem soll eine „digitale Verwaltung" geschaffen werden. Als Folge der Entwicklung haben viele Mitarbeiter dem Betriebsrat mitgeteilt, dass sie Angst haben, ihren Arbeitsplatz zu verlieren.

Fazit Kennzahlen HR und Sicherheit:

- Im Dezernat 1 und 2 ist die Krankenstände (Dezernat 1: 11,8 %, Dezernat 2: 14,1 %) und BEM-Fälle besonders hoch. Insgesamt lag die Krankenstand für die Stadtverwaltung Wubberberg im letzten Jahr bei 9,7 % und im vorletzten Jahr bei 9,4 %, also ein Anstieg um 0,3 %. Dieser Anstieg ist mit 6,3 % der Mitarbeiter im bezahlten Krankenstand zurückzuführen. Im Vergleich zum bundesweiten Durchschnitt, der im Jahr 2019 bei 6,6 % lag, ist der Krankenstand für die Stadtverwaltung Wubberberg als hoch einzuschätzen. Die BEM-Fälle sind im letzten Jahr auf 365 (WAO / Axel Springer, 2020; aus Statista, 2022). Es kann kein Vergleich zwischen den letzten zwei Jahren für unbezahlten oder bezahlten Krankenstand angestellt werden, diese Zahlen wurden nicht in den Unternehmensbericht aufgenommen. Die BEM-Fälle sind im letzten Jahr auf 365 gestiegen und damit 24 Fälle mehr als im Vorjahr (341 Fälle). Im Jahr 2022 wurden im Deutschland durchschnittlich 18,45 Arbeitsunfälle gemeldet (DGUV, 2021; zitiert nach Statista, 2022). Mit 13,7 % liegt die Stadtverwaltung unter dem deutschen Durchschnitt. Erwähnenswert ist zudem, dass die Zahl der Arbeitsunfälle zwischen 2018 und 2020 zurückgegangen ist (DGUV, 2021; zitiert nach Statista 2022). Das Ergebnis kann jedoch nicht auf die Branche übertragen werden, da keine Untersuchung nach Wirtschaftszweigen stattgefunden hat. Die Fluktuationsquote mit 3,1 % ist im Vergleich zur der Fluktuation in der öffentlichen Verwaltung (13 %) sehr gering (Haufe, 2018). Diese Erkenntnis bestätigt auch die Bundesagentur für Arbeit und fügt hinzu, dass sie somit deutlich unter dem Branchendurchschnitt mit 14,3 % liegt (Bundesagentur für Arbeit, 2020; zitiert nach Statista, 2022).

Fazit Mitarbeiterbefragung:

- Von allen befragten Mitarbeitern geben 31 % an, dass ihre Gesundheit zufriedenstellend ist. 38 % bewerteten ihren Gesundheitszustand als negativ (28 % nicht sehr gut, 10 % schlecht). 29 % der Mitarbeiter bewerten ihre Gesundheit positiv (19 % gut, 10 % sehr gut). 35 % der Arbeitnehmer geben an, mit ihrer Arbeit zufrieden zu sein. Darunter sind 21 % ziemlich zufrieden, 10 % sehr zufrieden und 4 % außerordentlich zufrieden. Andererseits geben 37 % der Arbeitnehmer an, mit ihrer Arbeit unzufrieden zu sein. Darunter sind 24 % ziemlich unzufrieden, 9 % sehr unzufrieden und 41 % außerordentlich unzufrieden. Darüber hinaus bewerten 28 % ihre Arbeitszufriedenheit als teils-teils. Das Dezernat 3 zeigte den höchsten Zufriedenheitsgrad, wobei 52 % der Befragten angaben, zufrieden zu sein. Das Dezernat 4 belegt mit 61 % Zufriedenheit den zweiten Platz. Wobei 27 % im Dezernat 2 und 31 % im Dezernat 1 mit der höchsten Unzufriedenheit aufweisen. In den 1980er Jahren entwickelte Work Ability Index (WAI) ist heute das am weitesten verbreitete Messinstrument zur Erfassung der Arbeitsfähigkeit (Roden et al., 2014; S. 478). Die Stadtverwaltung Wubberberg erzielte einen WAI von 31 Punkten und daher wird die Arbeitsfähigkeit als mittelgradig eingestuft und die resultierenden Maßnahmen sollten auf die Verbesserung der Arbeitsfähigkeit abzielen. „Zu große Arbeitsmenge / Aufgabe", „ständiges Sitzen" und „Lärm" sind die Hauptstressoren, die die Mitarbeiter der Stadtverwaltung angegeben haben. Die die Hauptstressoren erreichten einen Wert von 3 oder höher (1-überhaupt nicht, 4-sehr). Generell füllt sich sagen, dass der Größteil der Arbeitsbedingungen eher als „stark belastend" als „überhaupt nicht belastet" eingestuft werden kann. Die allgemeine soziale Unterstützung von Vorgesetzten wurde mit 2,7 (1 = sehr wenig, 4 = sehr viel) und von Kollegen mit 3,1 von den Mitarbeitern bewertet. Besonders hervorzuheben sind die Dezernate 1 und 2, wo die Mitarbeiter die soziale Unterstützung von Vorgesetzten (Dezernat 1: 2,2; Dezernat 2: 2,1) und Kollegen (Dezernat 1: 2,9; Dezernat 2: 3,0) am wenigsten wahrnehmen. Eine gute soziale Unterstützung durch Vorgesetzte und Kollegen ist nur im Dezernat 4 zu verzeichnen.

Fazit Gefährdungsbeurteilung:

- Zur progressiven Ermittlung und Bewertung von Gefährdungen bei Arbeitstätigkeiten wird das „Verfahren nach Nohl" angewendet (Nohl, 1989, S.3). Inhaltlich wird dieser in drei Ebenen aufgeteilt, die auch als Gefährdungsmaße bezeichnet werden. Die Werte 1 bis 2 stellen ein geringes Risiko dar und bedarf keiner Intervention, da das Risiko akzeptabel ist. Bei der Gefährdungsmaße 3 bis 4 besteht ein signifikantes Risiko, welches zu mindern gilt. Die Werte 5 bis 7 weisen auf ein hohes Risiko hin, das dringend reduziert werden muss. Die Arbeitsplatzanalyse der Stadtverwaltung Wubberberg ergab nach dem Nohl-Wert eine 2,6 und weist somit ein signifikantes Risiko auf und damit die Notwendigkeit zur Senkung der Gefährdung. Des Weiteren ergab die Arbeitsplatzanalyse, dass in keinem der 6 Dezernate einen Nohl-Wert über 4 lag. Das Dezernat 1 hat einen Nohl von 2,4 und steht kurz vor einem „signifikanten Gefährdung" für die Mitarbeiter. Wobei im den Dezernaten 2 der Nohl-Wert bei 3,1 und im Dezernat 3 bei 2,9 liegt. Es steht eindeutig ein „erhebliches Risiko" dar und bedarf somit einer Senkung der Gefährdung. Für die Dezernate 4 (2,1) und 5 (1,9) weist die Arbeitsplatzanalyse nur ein „geringes Risiko" auf. Laut den Mitarbeitern gibt es in den Dezernaten 2, 3, 4 und 5 viele Herausforderungen, die sich erheblich auf die Sicherheit und Gesundheit bei der Arbeit auswirken. Die primäre Herausforderung der Ergonomie galt der Beleuchtung am Arbeitsplatz, da sie in vier von fünf Dezernaten ermittelt wurde. Nachfolgend wurde sowohl der „Lärm" als auch, die „fehlenden Einstellungsmöglichkeiten der Tische" als Herausforderung wahrgenommen. Auch die Arbeit in einer Zwangsstellung" und die „Zugluft" werden von den Dezernaten 2 und 3 als zusätzliche Belastung empfunden.

Abb. 1: Analyse und Fazit der Ausgangssituation (eigene Darstellung)

2 Ableitung von Handlungsschwerpunkten

Nach der Darstellung von Routinedaten und Analyseergebnissen im vorangegangenen Kapitel werden aus den vorliegenden Informationen fokussierte Handlungspunkte abgeleitet, um später gezielte Interventionsmaßnahmen zu planen.

AH 2 Teilaufgabe 2

Beispiele von Handlungsschwerpunkten

- Verringerung von Fehlzeiten durch Maßnahmen der Verhaltensprävention / Optimierung der Arbeitsbedingungen
- Reduzierung körperlichen / psychischen Fehlbelastungen
- Förderung der Mitarbeitergesundheit und Arbeitsfähigkeit
- Optimierung des BEM / des Arbeitsschutzes (aus systemischer Sicht)
- Schaffung gesundheitsförderlicher Arbeitsbedingungen (Ergonomie, Arbeitszeitmodelle, W-L-B)
- Bewältigung der Herausforderungen durch den demografischen Wandel
- Stärkung des Commitments
- Erhöhung der Führungsqualität in Bezug auf „Gesund Führen"

Priorität 1: Schaffung gesundheitsförderlicher Arbeitsbedingungen

Priorität 2: Förderung der Mitarbeitergesundheit und Arbeitsfähigkeit

Priorität 3: Verbesserung und Steuerung der Unterstützung auf Führungs- und Kollegenebene

BGM II - Methodenkompetenzen im BGM

- 2 -

Abb. 2: Handlungsschwerpunkte (eigene Darstellung)

3 Erstellung einer Interventionsplanung zur Vorlage bei der Geschäftsleitung

3.1 Initiale Interventionsmaßnahmen

Basierend auf den bisherigen Grundlagen werden in diesem Unterkapitel erste Interventionsmaßnahmen als Empfehlungen für die Unternehmensführung vorgestellt.

AH 3a Teilaufgabe 3.1 – Maßnahme 1

Titel der Maßnahme: Schulung zur ergonomischen Arbeitsplatzgestaltung "Haltung bewahren- auch im Büro"
Bezug zum Handlungsschwerpunkt: Schaffung gesundheitsförderlicher Arbeitsbedingungen

Nennung	
Zielgruppe	Alle Dezernate bestehend aus einer Gruppe von 15 Mitarbeitern. Aufgeteilt in sechs theoretische, vier praktische Schulungseinheiten, einer medizinischen Untersuchung und zwei individuelle Schulungseinheiten, die als Einzelmaßnahmen vorgesehen sind.
Zielsetzungen	• Durch die Anpassung der Ergonomie am Arbeitsplatz soll Stress nachhaltig reduziert und gleichzeitig und aufklärungsarbeit betrieben (Verhältnisebene). • Ergonomisches Arbeiten erfordert die Teilnahme an geeigneten Schulungen, um sicherzustellen, dass sich die Mitarbeiter während der Arbeit der richtige Haltung und Positionierung bewusst sind (Verhaltensebene) • die der nächsten Arbeitsplatzanalyse soll der Wohl-Wert auf 15 gesteigert werden
Inhalte verhaltensbezogener Intervention	**theoretische Schulungseinheiten:** Vorträgen und Präsentationen in einer Gruppe oder einzeln. Dient der Entwicklung des Verständnisses in den folgenden Bereichen: • **Grundlagen der Anatomie** (Muskeln, Gelenke, Bänder und Sehnen) Auch, um ergonomisches Arbeiten auf? , Warum ist Bewegung wichtig für unseren Körper? Zusammenführung zu Aufbau und Funktion von Sinnesorganen. • **Ergonomie:** Was ist Ergonomie?", "Wie sieht ergonomisches Arbeiten aus?", "Welche Anpassungen des Arbeitsplatzes müssen vorhanden sein, um ergonomisch arbeiten zu können?", und "Wie sieht die Gestaltung eines Arbeitsplatzes unter Berücksichtigung der Benutzer-freundlichkeit aus?" • **medizinische Untersuchung** durch den Betriebsarzt: Blutdruck und Pulsmessung, Auskultation, Perkussion, Seh- und Hörtest, Geschlechtskontrolle, Beweglichkeit... Anamneseabogen und weitere medizinische Fragen. Die Tests werden anschließend ausgewertet und dokumentiert. **praktische Schulungseinheiten:** Demonstration und Präsentation in einer Gruppe oder einzeln. Dient der Auseinandersetzung der Thematik. Auf der Grundlage der Auswertung der medizinischen Tests erstellt der Betriebsarzt mit dem externen Dienstleister ein geeignetes Mobilitätstraining und Übungen, die in den Alltag integriert werden können. Dies wird im Vorfeld vom externen Dienstleister eingeführt und geschildert mit dem Mitarbeiter eingeübt. ... vorgesehen. Kann noch besser und individuell auf den Mitarbeiter eingegangen werden sowie Probleme bei der Durchführung beseitigt werden.
Inhalte verhältnisbezogener Intervention	• Sicherstellen, dass eine ausreichende Beleuchtung an jedem Arbeitsplatz vorhanden ist • Die Wahrnehmung sollte ergonomische Körnisliche und Höhenverstellbare Schreibtische für jeden Mitarbeiter anschaffen • Alle Arbeitsplätze sind nach ergonomischen Vorgaben zu gestalten und einzurichten • Die Installation von Zugluftstoppern soll eine Möglichkeit, das Eindringen von Zugluft zu verhindern. Der Vorteil dieser einfachen Werkzeuge ist, dass sie problemlos sowohl an Türen als auch an Fenstern angesetzt werden können. • Die Bereitstellung und Einrichtung eines Ruheraumes. • Die Bereitstellung von Gehörschutz, um ein konzentriertes Arbeiten zu ermöglichen. • Abschließend wird eine erneute Arbeitsplatzanalyse durchgeführt, um den Gestaltungsprozess zu optimieren.
Zeitdauer der Maßnahme	• Die Schulungsdauer beträgt insgesamt 13 Wochen. • sechs theoretische Untersuchung: Mittwoch in der Woche 1,3,5,7,9, jeweils 60 Minuten (während der Arbeitszeit, davon 15 Minuten in die Pause) • eine medizinische Untersuchung: sonntag, Donnerstag in der Woche 2, 90 Minuten (während der Arbeitszeit) • vier praktischen Schulungseinheiten: Freitag in der Woche 4,6,8,10, jeweils 60 Minuten (während der Arbeitszeit) • zwei individuelle Schulungseinheiten: Donnerstag in der Woche 12,13, jeweils 60 Minuten (während der Arbeitszeit)

BGM II - Methodenkompetenzen im BGM

Abb. 3: Interventionsmaßnahme 1 (eigene Darstellung)

Die Schulung „Haltung bewahren – auch im Büro", soll den durch die Arbeitsplatzanalyse festgestellten Handlungsbedarf in allen Dezernaten aufgreifen. Die Mitarbeiter beschäftigen sich mit den Themen „Anatomie" und „Ergonomie" in einer Gruppe von 15 Mitarbeitern. Sie werden in sechs theoretische und vier praktische Schulungseinheiten unterteilt, das sorgt für aktives Lernen und erhöht das Problembewusstsein. Arbeitsplatzanalysen und Mitarbeiterbefragungen zeigen, dass sich Mitarbeiter in Bezug auf das Arbeitsumfeld besonders gestresst fühlen. Durch die Schulung der Mitarbeiter zum Thema Ergonomie am Arbeitsplatz kann Stress nachhaltig reduziert werden. Dies liegt daran, dass sie lernen, wie sie ihren Arbeitsplatz richtig einrichten, wodurch die Wahrscheinlichkeit, arbeitsbedingte Krankheiten zu entwickeln, verringert wird. Ebenso gehört eine medizinische Untersuchung dazu, um den allgemeinen Gesundheitszustand der Mitarbeiter zu ermitteln und darauf Maßnahmen zu schaffen und auszuarbeiten. Somit können Verletzungsgefahren und gesundheitliche Beeinträchtigungen während der praktischen Schulungseinheiten ausgeschlossen werden. Zusätzlich werden zwei individuelle Schulungseinheiten angeboten, die als Einzelmaßnahmen gedacht sind, wodurch die Möglichkeit besteht, individuell auf die Mitarbeiter einzugehen. Des Weiteren sollten sich die Veränderungen auf der Verhältnis- und Verhaltensebene in der nächsten Arbeitsplatzanalyse aufzeigen, indem der Nohl-Wert auf 1,5 reduziert wird.

In den ersten drei theoretischen Schulungseinheiten wird anfänglich auf die Grundlagen der Anatomie, wobei am Anfang auf Muskeln, Gelenke, Bänder und Sehnen und anschließend auf die Funktion und den Aufbau der Sinnesorgane eingegangen. Dies hilft ihnen, ein tieferes Verständnis für die nachfolgenden zwei Themen zu entwickeln. Des Weiteren werden Fragen geklärt, wie „Warum ist Bewegung wichtig für unseren Körper?". In den letzten drei theoretischen Einheiten wird gezielt auf die Thematik Ergonomie eingegangen. Hier werden Fragen wie, „Was ist Ergonomie?", „Wie sieht ergonomisches Arbeiten aus?", „Welche Anpassungen des Arbeitsplatzes müssen vorhanden sein, um ergonomisch arbeiten zu können?", und „Wie sieht die Gestaltung eines Arbeitsplatzes unter Berücksichtigung der Benutzerfreundlichkeit aus?", thematisiert. Die medizinische Untersuchung, die in der zweiten Woche der Schulung stattfindet, wird durch den Betriebsarzt und den externen Dienstleister durchgeführt. Der Betriebsarzt erhebt zunächst die Krankengeschichte und stellt dem Mitarbeiter dann weitere medizinische Fragen, wie „Leiden Sie bereits an einer Krankheit, die Ihre Leistung einschränken kann oder ist Ihr Gesundheitszustand beeinträchtigt?". Anschließend misst er den Blutdruck und den Puls, führt eine Auskultation, eine Perkussion und einen Seh- und Hörtest durch. Anknüpfend darauf erfolgt eine Gleichgewichtstestung und eine Beweglichkeitstestung durch den externen Dienstleister. Nach Abschluss der Tests werden die Ergebnisse dokumentiert und ausgewertet. Sie können als Empfehlung für andere Schulungen verwendet werden. Anhand dieser Daten kann der Betriebsarzt und der externe Dienstleister ein geeignetes Mobilitätstraining erstellen. In den praktischen Schulungseinheiten zeigen die Mitarbeiter, wie sie das erlernte Wissen anwenden können. Ihnen werden Übungen und Mobilitätstrainings demonstrieren, die sie in ihr tägliches Leben implementieren können und erfolgen entweder in einer Gruppe oder einzeln. Diese Übungen werden vorab jedem Mitarbeiter vom externen Dienstleister gezeigt und gemeinsam eingeübt, um sicherzustellen, dass sie richtig, effektiv und nachhaltig durchgeführt werden können. Bei den zwei individuellen Schulungseinheiten geht es darum, Unklarheiten und Probleme seitens der Mitarbeiter aus den theoretischen und praktischen Schulungseinheiten aufzuklären. Die Schulung ist als Einzelmaßnahme vorgesehen, die sich an der individuellen Ausgangssituation des Mitarbeiters orientiert, um so effizienter auf den Mitarbeiter eingehen zu können. Dies kann aus einer Fragerunde, einer Präsentation, einer erneuten Vorführung einer Bewegung oder Übung bestehen. Abschließend der Schulungseinheiten wird eine erneute Arbeitsplatzanalyse durchgeführt, um die Effekte festzustellen und gegebenenfalls den Gestaltungsprozess zu optimieren.

Die Schulung zur ergonomischen Arbeitsplatzgestaltung „Haltung bewahren- auch im Büro" vermitteln neben verhaltensorientierte auch verhältnisorientierte Interventionen, denn einzeln, erfüllen sie nicht den gewünschten Zweck. Beispiele für die verhältnisbezogene Interventionen sind, dass sichergestellt werden sollte, dass alle Arbeitsplätze mit einer bedarfsgerechten Beleuchtung ausgestattet sind, wie es in der Arbeitsstättenverordnung § 3 Abs. 1 ArbStättV geschrieben steht. Die Stadtverwaltung sollte ergonomische Büromöbel für jeden Mitarbeiter anschaffen. Dies würde es ihnen ermöglichen, den ganzen Tag über zwischen stehender und sitzender Position zu wechseln. Auf diese Weise können Arbeitnehmer ihre allgemeine Gesundheit am Arbeitsplatz verbessern. Außerdem werden die Mitarbeiter darin geschult, worauf sie bei künftigen Büromöbeln achten müssen. Ebenso könnten Mitarbeiter so ihre Tische auf unterschiedliche Körpergrößen ergonomisch korrekt anpassen. Gleichzeitig sollten Arbeitsplätze gesetzeskonform nach § 5 ArbSchG gestaltet werden, um Belastungen zu minimieren und weiterer Fehlbelastungen vorzubeugen. Eine weitere verhältnisbezogene Intervention ist der Um- und Ausbau eines Ruheraumes. Dieser Ruheraum muss sich in der Nähe des Arbeitsbereichs befinden und eine Mindestgröße von 6 Quadratmetern haben. Zudem muss er schallisoliert sein und die Hintergrundgeräusche dürfen 55 Dezibel nicht überschreiten. Zusätzlich sind in diesem Raum keine Telefonanrufe oder Gespräche erlaubt. Die Belüftung bzw. Belüftungsmöglichkeiten müssen gewährleistet sein und ausreichendes Tageslicht ist in diesem Raum und an allen Arbeitsplätzen unabdingbar. Dabei sollte die Raumtemperatur zwischen 21 und 26 Grad Celsius liegen. Der Raum muss privat sein und Platz zum Liegen, Schlafen und Stillen nach § 9 Abs. 3 MuSchG haben (Bundesministerium für Familie, Senioren, Frauen und Jugend, 2016, S.54). Die Bereiche müssen gepolstert und mit waschbaren oder austauschbaren Bezügen versehen sein. Darüber hinaus gaben Mitarbeiter an, dass der Lärm am Arbeitsplatz eine psychische Belastung darstellt. Die Arbeitsstättenverordnung schreibt vor, dass nach § 3 Abs. 1 ArbStättV, der Lärmpegel so gering wie möglich zu halten ist (DGUV, 2004). Daher ist es wichtig, für einen Gehörschutz zu sorgen. Der Vorteil von Kopfhörern mit aktiver Geräuschunterdrückung besteht darin, dass sie Lärmbelästigung und Hintergrundgeräusche eliminieren können, sodass sie sich mehr auf die Arbeit konzentrieren können. Die Kopfhörer verfügen über einen kleinen Computerchip, der externe Geräusche mit einem Mikrofon aufnimmt und mithilfe einer sogenannten Anti-Noise-Technologie Geräusche reduziert. Ständige Reize durch Geräusche kann zu Müdigkeit, Stress und Magenproblemen führen. Lärm ist jedoch nicht die einzige Ursache für Stress. Die Produktivität sinkt, Aufgaben werden langsamer erledigt und häufen sich. Die Dezernate 2 und 3 bemängelten zudem die Zugluft im provisorischen Gebäude. Aus diesem Grund ist es notwendig, Zugluftdämpfer zu installieren. Sie lassen sich problemlos an Fenster und Türen installieren und reduzieren Geräusche und halten die Raumtemperatur aufrecht. Um die Auswirkungen der neuen Maßnahmen am Arbeitsplatz zu bemerken, sollte nach den 13 Schulungswochen eine neue Arbeitsplatzanalyse durchgeführt werden. Diese Zeit ermöglicht es ihnen, neue Maßnahmen umzusetzen und ihren Arbeitsplatz zu transformieren. Die sechs theoretischen Schulungseinheiten erfolgen in der Woche 1,3,5,7,9 jeden Mittwoch. Dafür werden jeweils 60 Min. vorgesehen, wobei sie komplett während der Arbeitszeit erfolgen. Am Donnerstag in der zweiten Schulungswoche erfolgt die einmalige medizinische Untersuchung. Dafür werden 90 Min. eingeplant, wogegen 15 Min. davon in die Pause der Mitarbeiter gearbeitet wird. Die vier praktischen Schulungseinheiten sind freitags in den Wochen 4,6,8,10 festgelegt. Hier werden jeweils ebenfalls 60 Min. beabsichtigt und spielen sich komplett während der Arbeitszeit ab. Abschließend erfolgen die zwei individuellen Schulungseinheiten. Diese sind auf den Donnerstag in der Wochen 12 und 13 gelegt. Auch hier werden jeweils 60 Min. einkalkuliert und finden während der Arbeitszeit der Mitarbeiter statt.

AH 3b Teilaufgabe 3.1 – Maßnahme 2

Titel der Maßnahme: Schulung „Gesund werden/bleiben- auch im Büro"

Bezug zum Handlungsschwerpunkt: Verringerung von Fehlzeiten durch Maßnahmen der Verhaltensprävention / Optimierung der Arbeitsbedingungen

	Nennung
Zielgruppe/n	Alle Dezernate bestehend aus einer Gruppe von 15 Mitarbeitern. Aufgeteilt in acht theoretischen, vier praktischen Schulungseinheiten und zwei individuellen Schulungseinheiten, die als Einzelmaßnahmen vorgesehen sind.
Zielsetzung/en	•Den Mitarbeitern einen gesunden Lebensstil näherbringen und in den Arbeitsalltag integrieren und gleichzeitig die Fehlzeiten reduzieren •Ziel der nächsten Mitarbeiterbefragung ist es, die Punktzahl des WAI auf 43 Punkte zu verbessern. •Bei der nächsten Mitarbeiterbefragung will die Verwaltung mithilfe der Maßnahmen das positive Gesundheitsempfinden auf 60 % steigern.
Inhalte verhaltensbezogener Intervention	•theoretische Schulungseinheiten: Vorlesungen und Präsentationen in einer Gruppe oder einzeln. Dient der Entwicklung des Verständnisses **in den folgenden Bereichen:** ≻**Gesunde Ernährung:** Dazu gehört, zu verstehen, wie man gesunde Mahlzeiten zubereitet, wie gesundes Essen aussieht, den eigenen Kalorienbedarf zu bestimmen und die positive Auswirkungen einer gesunden Ernährung. Außerdem sollen Mitarbeiter lernen, wie sie gesunde Ernährung in ihren Arbeitsalltag integrieren können und wie viel Liter Wasser sie am Tag zu sich nehmen sollten. ≻**Bewegung:** Verständnis der Anatomie (kurze Wiederholung der Schulung „Haltung bewahren- auch im Büro") und Physiologie des menschlichen Körpers. „Warum ist Bewegung wichtig für den Körper?", „Wie können sich die Mitarbeiter im Alltag mehr bewegen?", „Wie lassen sich einfache Bewegungseinheiten in Arbeitsabläufe integrieren?", und „Wie kann man den Folgen von Bewegungsmangel vorbeugen?" ≻**Beruflicher Stress:** Mitarbeiter werden geschult, was Stress ist, wie er entsteht, wie er abgebaut werden kann und anfälliger für Stress als andere?", „Wie lernt man, mit Stress umzugehen und findet man die innere Balance?" ≻**Guter Schlaf:** Den Mitarbeitern wird vermittelt, welche verschiedenen Schlafphasen es gibt, warum Schlaf wichtig ist, welche Vorteile eine gesunde Matratze hat und welche die beste Schlafposition ist. Darüber hinaus welche Raumtemperatur herrschen sollte und welche Einschlafrituale ideal für sie sind. •**praktischen Schulungseinheiten:** Dient der Auseinandersetzung und Vertiefung der Thematik. Anhand des bereits erlernten Wissen der Mitarbeiter werden in den einzelnen Bereichen entsprechende Übungen mit dem externen Dienstleister absolviert. ≻**Gesunde Ernährung:** Gemeinsames Vorbereitung einer gesunden Mahlzeit für die Mittagspause ≻**Bewegung:** Dehnübungen, Mobilitäts-Training und Yogaübungen ≻**Beruflicher Stress:** Übung zu progressiven Muskelentspannung ≻**Guter Schlaf:** Einüben von Einschlaftechniken •**individuellen Schulungseinheiten:** leit als Einzelmaßnahme vorgesehen. Dadurch kann noch besser und individueller auf den Mitarbeiter eingegangen werden. Unklarheiten und Probleme bei der Umsetzung werden beseitigt durch eine Stressanalyse und ihre Ernährungsgewohnheiten durch eine Ernährungsanalyse erkunden.
Inhalte verhältnisbezogener Intervention	•Zugang zu Trinkwasser und Option zum Kauf von gesunden Mahlzeiten an Verkaufsautomaten oder Kantinen •Gesunde Frühstücks-Müsli-Pakete oder -Riegel sollten mind. 2x Woche und Buffet mit Trockenfrüchten, Nüssen, Gemüsesticks und frischem Obst angeboten werden •Im Ruheraum sollten Massagesessel und -betten sein und das Einführen einer 15-minütigen aktiven Pause •Abschließend wird eine erneute Arbeitsplatzanalyse durchgeführt, um den Gestaltungsprozess zu optimieren
Zeitdauer der Maßnahme	•Die Schulungsdauer beträgt insgesamt 14 Wochen: ≻acht theoretische Schulungseinheiten: Montag in der Woche: 1,2,4,5,7,8,10,11, jeweils 60 Minuten (während der Arbeitszeit) ≻vier praktische Schulungseinheiten: Dienstag in der Woche: 3,6,9,12, jeweils 90 Minuten (während der Arbeitszeit) ≻zwei individuelle Schulungseinheiten: Donnerstag in der Woche: 13 und 14, jeweils 60 Minuten (während der Arbeitszeit)

Abb. 4: Interventionsmaßnahme 2 (eigene Darstellung)

Die Schulung „Gesund werden/ bleiben auch im Büro", zielt darauf ab, den auf Basis der Arbeitsplatzanalyse identifizierten Handlungsbedarf in allen Dezernaten zu decken.. Bei der Auswertung der Mitarbeiterbefragung wurde nicht zwischen den einzelnen Dezernaten unterschieden. Außerdem profitieren alle Mitarbeiter von einer verbesserten Gesundheit und Arbeitsfähigkeit. Die Mitarbeiter beschäftigen sich mit den Themen „Gesunde Ernährung", „Bewegung", „Beruflicher Stress" und „Guter Schlaf" in einer Gruppe von 15 Mitarbeitern. Mitarbeiterbefragungen zeigen, dass die meisten Mitarbeiter ihren Gesundheitszustand negativ oder nur zufrieden bewerten. Auch die Arbeitsfähigkeit wird laut WAI als mäßig eingestuft und sollte verbessert werden.

Die Schulung besteht aus acht theoretischen und vier praktischen Einheiten, wodurch ein aktives Lernen und eine Sensibilisierung für die Problematik gewährleistet wird. Zusätzlich werden zwei individuelle Schulungseinheiten als Einzelmaßnahme angeboten. Was zur Folge hat, dass es so möglich ist, spezieller auf die Mitarbeiter einzugehen. Zudem können die Mitarbeiter hier ihre Stressoren durch eine Stressanalyse und ihre Ernährungsgewohnheiten durch eine Ernährungsanalyse erforschen. Die Schulung beinhaltet die individuelle Möglichkeit zur Anpassung der Ernährung und zeigt Wege auf, wie die Mitarbeiter individuell Stress bewältigen können. Zielsetzungen bei dieser Schulung ist, dass die Mitarbeiter durch ein gesundheitsförderliches Verhalten am Arbeitsplatz sensibilisiert und damit durch die Arbeit hervorgerufene Gesundheitseinschränkungen und die Fehlzeiten reduziert werden. Eine Verbesserung auf Verhältnis- und Verhaltensebene soll sich auch bei der nächsten Mitarbeiterbefragung zeigen, indem ein positiver Gesundheitszustand von 60 % angestrebt wird (Bewertung mit sehr gut bzw. gut). Weiterhin soll durch die Maßnahmen eine gute Arbeitsfähigkeit erreicht werden (WAI =43 Punkte).

Die Inhalte der verhaltensbezogenen Interventionen besteht aus acht theoretischen Schulungseinheiten, die in einer Gruppe oder einzeln durchlaufen werden. Dies dient der Entwicklung des Verständnisses der Mitarbeiter in vier Bereichen. In den ersten zwei theoretischen Schulungseinheiten wird auf die Grundlagen der Ernährung eingegangen. Dazu gehört, zu verstehen, wie man gesunde Mahlzeiten zubereitet, wie gesundes Essen aussieht, hoch der eigene Kalorienbedarf ist und welche positiven Auswirkungen eine gesunde Ernährung für Körper und Geist hat. Außerdem wie die Mitarbeiter gesunde Ernährung in ihren Arbeitsalltag integrieren können und wie viel Liter Wasser sie am Tag zu sich nehmen sollten. Danach wird die Thematik „Bewegung" angegangen. Dazu gehört das Verständnis der Anatomie und Physiologie des menschlichen Körpers, die ebenfalls aus zwei Schulungseinheiten besteht. Hierzu wird eine kurze Wiederholung aus der Schulung „Haltung bewahren- auch im Büro" gemacht. Folgend werden die Fragen „Warum ist Bewegung wichtig für den Körper?", „Wie können sich die Mitarbeiter im Alltag mehr bewegen?", „Wie lassen sich einfache Bewegungseinheiten in Arbeitsabläufe integrieren?" und „Wie kann man den Folgen von Bewegungsmangel vorbeugen?", aufgegriffen. In der fünften und sechsten Einheit wird „Beruflicher Stress" behandelt. Ständiger Stress kann schwerwiegende Folgen für den Körper haben. Mitarbeiter werden hier geschult, was Stress ist, wie er entsteht, wie er abgebaut werden kann und welche Auswirkungen er auf den Körper hat. Zudem werden Fragen, wie „Warum sind manche Menschen anfälliger für Stress als andere?", „Wie lernt man, mit Stress umzugehen und findet man die innere Balance?", geklärt. Die abschließenden zwei Einheiten widmen sich der Thematik „Guter Schlaf". Mitarbeiter lernen die verschiedenen Schlafphasen kennen, warum Schlaf wichtig ist und welche Vorteile eine gesunde Matratze hat. Außerdem werden die über die beste Schlafposition und die ideale Schlafzeit informiert und erfahren, welche Raumtemperaturen und Einschaltrituale ideal für sie sind.

Die vier praktischen Schulungseinheiten werden ebenfalls in Gruppen oder einzeln durchgeführt und dienen der Vertiefung bereits erworbener Kenntnisse. Die Mitarbeiter führen in jedem Bereich entsprechende Übungen und Maßnahmen mit einem externen Dienstleister durch. Im Bereich „Gesunde Ernährung" lernen sie gemeinsam in der Gruppe, wie man eine schnelle, aber gesunde Mahlzeit für die Mittagspause zubereitet. Zudem wird im Bereich „Bewegung", Mobilitätstraining, Dehn- und Yogaübungen angeboten. Diese Übungen werden vorab von einem externen Dienstleister vorgezeigt, um sicherzustellen, dass sie korrekt, effizient und konsistent durchgeführt werden. Obendrein wird im Bereich „Beruflicher Stress" den Mitarbeitern eine Übung zu progressiven Muskelentspannung demonstriert. In dem Bereich „Guter Schlaf" stellt der externe Dienstleister den Mitarbeitern Techniken vor, die das einschlafen und einen gesunden Schlaf prädestinieren können.

Die individuellen Schulungseinheiten sind als Einzelmaßnahme vorgesehen. Dadurch kann der externe Dienstleister noch besser und individueller auf den Mitarbeiter eingehen und Unklarheiten und Probleme bei der Umsetzung beseitigen. Es kann auch aus einer Frage-und-Antwort-Runde, einer Präsentation oder einer Wiederholung einer Bewegung oder Übung bestehen. Zudem können die Mitarbeiter ihre Stressoren, durch eine

Stressanalyse und ihre Ernährungsgewohnheiten durch eine Ernährungsanalyse erkunden. Neben verhaltensbezogenen wird auch auf die verhältnisbezogenen Interventionen eingegangen, da diese allein nicht die gewünschten Ergebnisse erzielen können. Ein Punkt in der verhältnisbezogenen Intervention ist, dass alle Mitarbeiter einfachen Zugang zu Trinkwasser haben und gesunde Mahlzeiten an Automaten oder Kantinen kaufen können. Darüber hinaus sollten „gesunde" Frühstücks-Müsli-Pakete oder -Riegel mind. zweimal pro Woche neben einem Buffet mit Trockenfrüchten, Nüssen, Gemüsesticks und frischem Obst angeboten werden. Eine gesunde und ausgewogene Ernährung ist wichtig, um leistungsfähig zu bleiben. Es hilft auch, das Immunsystem zu stärken und Stress besser zu bewältigen (Bundesministerium für Gesundheit, 2016, S. 52).

Im Ruheraum sollten Massagesessel und -liegen vorhanden sein, damit sich Mitarbeiter bei Bedarf zurückziehen können. Ein kurzes Nickerchen hilft nicht nur gegen Müdigkeit, sondern steigert auch die kognitive Leistungsfähigkeit und Gedächtnisleistung, verbessert die Stimmung und wirkt sich positiv auf die Stresstoleranz aus (Klösch, Hauschild & Zeitlhofer, 2020, S. 165). Auch sollte eine 15-minütige aktive Pause eingeführt werden, um die Konzentration anzuregen, Ermüdungserscheinungen zu beseitigen, Angstzustände zu minimieren, Stress abzubauen und die Durchblutung anzuregen. Dies trägt zu einem bewegungsfreundlichen Umfeld bei und motiviert andere zur Teilnahme. Körperliche Bewegung hilft, Verspannungen in der Rückenmuskulatur zu lösen, besonders nach langem Sitzen (Klösch, Hauschild & Zeitlhofer, 2020, S. 164). Nach Abschluss dieser Interventionen wird eine erneute Arbeitsplatzanalyse durchgeführt, um den Gestaltungsprozess zu optimieren.

Die Schulungsdauer beträgt insgesamt 14 Wochen, lässt also genug Zeit, um verhaltens- und verhältnisbezogenen Maßnahmen umzusetzen, damit das Gelernte besser verinnerlicht wird. Sie besteht aus acht theoretischen Schulungseinheiten und erfolgen in den Wochen 1,2,4,5,7,8,10,11 jeden Montag, mit jeweils 60 Min., während der Arbeitszeit. Die vier praktischen Schulungseinheiten sind in den Wochen 3,6,9,12 am Dienstag festgelegt. Hier werden ebenfalls 60 Min. eingeplant und spielen sich komplett während der Arbeitszeit ab. Abschließend erfolgen die zwei individuellen Schulungseinheiten. Diese sind auf den Donnerstag in der Wochen 13 und 14 gelegt. Hier werden jeweils 90 Min. einkalkuliert und finden während der Arbeitszeit, davon 15 Min. in der Pause statt.

3.2 Projekt- und Ressourcenplanung

Der Projekt- und Ressourcenplanung für die skizzierten Interventionen ist unten darge-stellt.

AH 4 Teilaufgabe 3.2 – Projektplanung

Beschreibung	Zuständigkeit / beauftragte Person	Kostenposition (intern/extern)
Beteiligung an Gesundheitszirkeln, Bewilligung von Ressourcen und Zahlungsmitteln	Bürgermeister der Stadtverwaltung Wubberberg	intern
Prüfung der Kennzahlen HR und Sicherheit (Krankenstand, Unfälle, BEM- Fälle und Fluktuation), Beteiligung an Gesundheitszirkeln, Planung und Beschluss von Interventionsmaßnahmen	HR-Leitung	intern
Direktion und Leitung von aller BGM-Projekte, Umsetzung und Durchführung der Mitarbeiterbefragung, Sicherheitsbeurteilung, Durchführung von Arbeitsplatzanalysen, Auswertung und Beurteilung, Beteiligung an Gesundheitszirkeln, strukturierte Einsatz aller Beteiligten, Planung und Beschluss von Interventionsmaßnahmen, Suche nach Dienstleistern im Bereich Beratung und Schulungen, Vermittlung von Informationen, produktive Zeitplanung, Evaluation.	BGM-Beauftragter (Projektleitung)	Intern/ extern
Beteiligung an Gesundheitszirkeln, Mitwirken bei geplanten Beratungen und Schulungen, Planung und Beschluss von Interventionsmaßnahmen, Reorganisation des Arbeitsplatzes	Dezernatsleitung	intern
Durchführung von Arbeitsplatzanalysen, Sicherheitsbeurteilung, Vermittlung von branchenspezifischen Kenntnissen, Beteiligung an Gesundheitszirkeln, Planung und Beschluss von Interventionsmaßnahmen, Durchführung, Auswertung, Beurteilung und Dokumentation von medizinischen Tests und Untersuchungsergebnissen, Entwicklung und Zusammenstellung von individuellen Übungen gemeinsam mit einem Dienstleister.	Betriebsarzt	intern/extern
Erstellung und Analyse von Unfallstatistiken, Sicherheitsbeurteilung, Durchführung von Arbeitsplatzanalysen, Vermittlung von branchenspezifischen Kenntnissen, Beteiligung an Gesundheitszirkeln, Planung und Beschluss von Interventionsmaßnahmen, Reorganisation des Arbeitsplatzes	Arbeitssicherheitsbeauftragter	intern/ extern
Agiert als Verbindungspunkt zwischen Mitarbeitern und Vorgesetzen, Protokollierung und Dokumentation von gegenwärtigen Anregungen und Beschwerden, Datenschutz und Anonymitätskontrolle / Compliance, Beteiligung an Gesundheitszirkeln, Planung und Beschluss von Interventionsmaßnahmen	Personalrat	intern
Beteiligung an Gesundheitszirkeln, Protokollierung und Dokumentation von gegenwärtigen Anregungen und Beschwerden, Input aus Mitarbeitersicht	Arbeitnehmervertretung	intern
Implementierung von theoretischen und praktischen Schulungseinheiten, Entwicklung und Zusammenstellung von individuellen Übungen, Demonstration und einüben der praktischen Schulungseinheiten	Dienstleister	extern

Abb. 5: Ressourcenplanung (eigene Darstellung)

AH 4 Teilaufgabe 3.2 – Projektplanung

Projektschritte/Aufgaben	Jan '22	Feb '22	Mrz '22	Apr '22	Mai '22	Jun '22	Jul '22	Aug '22	Sep '22	Okt '22	Nov '22	Dez '22	Jan '23
Kennwerte HR und Sicherheit ermitteln	▓												
Durchführung Mitarbeiterbefragung		▓	▓										
Ergänzende Gefährdungsbeurteilung		▓	▓										
Beteiligung am Gesundheitszirkel			▓										
Auswertung und Bewertung der Mitarbeiterbefragung und anschließende Schaffung eines ganzheitlichen Interventionsplans				▓									
Planung und Beschluss von Interventionsmaßnahmen					▓								
Suche nach Dienstleistern im Bereich Beratung und Schulungen						▓							
Verhältnisbezogene Interventionen im rahmen der Schulung „Haltung bewahren- auch im Büro"								▓					
Verhaltensbezogene Interventionen im Rahmen der Schulung „Haltung bewahren- auch im Büro"							▓	▓					
Verhaltensbezogene Interventionen im Rahmen der Schulung „Gesund werden/bleiben- auch am Büro"									▓				
Verhaltensbezogene Interventionen im Rahmen der Schulung „Gesund werden/bleiben- auch am Büro"										▓			
Durchführung der Arbeitsplatzanalyse											▓	▓	
Durchführung der Mitarbeiterbefragung											▓	▓	
Nachhaltigkeit													▓

BGM II - Methodenkompetenzen im BGM

Abb.6 : Projektplanung (eigene Darstellung)

4   Diskussion und Probleme der Evaluation

Projekte des betrieblichen Gesundheitsmanagements können auf vielfältige Weise evaluiert werden. Dieses Kapitel behandelt einige dieser Bewertungsmethoden und die Probleme, die bei der Bewertung des Projekts auftreten können.

AH 5 Teilaufgabe 4 – Evaluation

Kurzinfo zur Evaluation:

- Das Sammeln und Auswerten empirischer Daten ist ein wesentliches Instrument, um neues Wissen zu generieren. Dieses neue Wissen wird ständig mit altem Praxiswissen verglichen, um Entscheidungen zu treffen. Nachdem die Daten ausgewertet wurden, werden sie verwendet, um Entscheidungen zu treffen, die neue Erkenntnisse liefern. Es gibt viele Kriterien, die verwendet werden können, um etwas zu bewerten. Diese Kriterien unterscheiden sich je nach Person oder Gruppe, die das Objekt, die Situation oder den Prozess bewertet (Stockmann, 2004, S. 13). Evaluationen sind eine neuere Entwicklung, da sie als laufend betrachtet werden. Nach wissenschaftlichen Regeln werden diese Prozesse regelmäßig durchgeführt und umgesetzt (Stockmann & Meyer, 2014, S. 30).

Projektbezogene Möglichkeiten der Prozess-/Ergebnisevaluation

Prozessevaluation: Erstellung des Fragebogens nach Abschluss der Interventionsmaßnahmen

- Sowohl die „Haltung bewahren- auch im Büro" als auch „Gesund werden/bleiben- auch im Büro" beinhalten eine direkte Auswertung mit einem Fragebogen. Dies geschieht, nachdem die Mitarbeiter verhaltensbezogene Interventionsmaßnahmen umgesetzt haben. Dies dient dazu, die Akzeptanz zu evaluieren, Maßnahmen zu bewerten und ggf. Verbesserungsvorschläge zu machen.

Ergebnisevaluation: Durchführung der Mitarbeiterbefragung

- Nach Abschluss der Maßnahmen wird in der Regel eine Wiederholung der Mitarbeiterbefragung durchgeführt. Diese Umfrage misst die Gesundheit der Arbeitnehmer und ihre Arbeitstätigkeit.

Ergebnisevaluation: Durchführung der Arbeitsplatzanalyse

- Nach der Beendigung der Interventionsmaßnahmen wird eine neue Arbeitsplatzanalyse durchgeführt, um die Risiken für die Sicherheit und Gesundheit der Arbeitnehmer zu bewerten. Anhand des Nohl-Wertes kann festgestellt werden, ob die Maßnahmen die beabsichtigte Wirkung erzielt haben.

Probleme im Zusammenhang mit der Evaluation

Befangenheit bei der Durchführung des Fragebogens

- Fragebögen können subjektiv beantwortet werden. Infolgedessen können sie von irrelevanten Aspekten des Mitarbeiters wie seinem Geschäfts- oder Privatleben beeinflusst werden. Dies kann zu positiven oder negativen Veränderungen der Ergebnisse führen.

Verzögertes Inkrafttreten von Interventionen

- Es ist schwierig festzustellen, wann eine Maßnahme zu wirken beginnt. Die Wirkung kann sofort, verzögert oder sogar langfristig eintreten. Zudem ist die Wirksamkeit einer Maßnahme je nach Person, die sie durchführt, unterschiedlich.

BGM II - Methodenkompetenzen im BGM

- 7 -

Abb. 7: Evaluation (eigene Darstellung)

Walle (2021) schlug vor, dass es logisch wäre, Daten unmittelbar nach der Intervention zu sammeln, wenn der Zweck einer Intervention darin besteht, die Akzeptanz und Nutzung zu bewerten. Laut Stockmann & Meyer werden Evaluationen eine neuere Entwicklung, da sie als laufend betrachtet werden müssen. Nach wissenschaftlichen Regeln werden diese Prozesse regelmäßig durchgeführt und umgesetzt (2014, S. 30). Fragebögen werden oft verwendet, um Daten zu sammeln, wobei zu berücksichtigen ist, dass dies eine subjektive Messung des Teilnehmers sein kann und durch persönliche oder betriebliche Umstände beeinflusst werden kann, die nichts mit dem zu messenden Subjekt zu tun haben. Schlechte Nachrichten wie ein abgelehnter Urlaubsantrag bringen einen Mitarbeiter schnell aus der Fassung. Das gilt auch, wenn sie aus ihrem Privatleben schlechte Nachrichten erhalten (Stockmann, 2004, S. 13). Da es schwierig ist festzustellen, ob sich die erhobene Komponente – wie die Arbeitszufriedenheit – verbessert oder nicht, ist es sinnvoll, eine neue Umfrage mit ähnlichen internen Bedingungen durchzuführen. Dies würde den Einfluss von kürzlich erfolgten betrieblichen Änderungen, die in der Nähe des Zeitpunkts der Erhebung stattfanden, minimieren. Es ist schwierig, Verhaltensänderungen aufgrund einer verzögerten Wirkung von Messerahmenumsetzungen zu bewerten. Es braucht Zeit, bis sie sichtbare Ergebnisse zeigen. Beispielsweise kann jemand, der bei der Arbeit lange Zeit in derselben Position gesessen hat, gesundheitliche Probleme haben, daher kann es Monate oder Jahre dauern, bis sich der Körper an neue Sitzgewohnheiten gewöhnt hat. Zudem dauert es mindestens zwei bis drei Jahre, bis erfolgreiche Veränderungen beim Krankenstand gemessen werden können. Die Durchführung dieser Messungen erfordert eine individuelle Prüfung, wann bestimmte Änderungen zu erwarten sind (Walle, 2021). Es wird jedoch angenommen, dass der erwartete Wirkungseintritt bei jedem Individuum unterschiedlich sein wird. Daher kann die Evaluierung unmittelbar nach der Projektdurchführung geplant werden, aber es sollte daran erinnert werden, dass die Effektivität im Vergleich zur Akzeptanz und Evaluierung der Aktivität davon abhängt.

Zusammenfassend kann gesagt werden, dass es für die Evaluation sinnvoll ist, über die Fortführung und Weiterentwicklung von BGM zu entscheiden. Die Qualität der Bewertung hängt von der Qualität der erhobenen Daten ab. Der Einfluss von Störfaktoren, insbesondere während des Untersuchungszeitraums, kann jedoch nicht ausgeschlossen werden. Allerdings ist gerade bei Fragebögen der Einfluss destruktiver Faktoren nicht auszuschließen. Das Erreichen der Projektziele kann aufgrund des verzögerten Wirkungseintritts nicht genau gemessen werden.

5 Literaturverzeichnis

Adams, J., Claus, A., Claus, M., Schöne, K., Rose, D.-M. & Sammito, S. (2018). *Soziale Unterstützung und Arbeitszufriedenheit. Unterschiede zwischen verschiedenen Tätigkeitsbereichen*. Prävention und Gesundheitsförderung, 13 (1), 18-23.

Bundesagentur für Arbeit. (2020). *Fluktuationskoeffizient der sozialversicherungspflichtigen Beschäftigung in Deutschland nach Wirtschaftszweigen im Jahr 2019* [Graph]. In Statista. Zugriff am 24.08.2022. Verfügbar unter https://de.statista.com/sta tistik/daten/studie/664592/umfrage/fluktuationskoeffizient-der-sozialversicherungspflichtigen-beschaeftigung-in-deutschland-nach-wirtschaftszweigen/

Bundesministeriums für Familie, Senioren, Frauen und Jugend. (2016). *Gesetz zur Neuregelung des Mutterschutzrechts*. Zugriff am 27.08.2022. Verfügbar unter https://www.bmfsfj.de/resource/blob/119374/bfeec81f0c3489b9f103ac19910fe6e0/mutterschutzgesetz-data.pdf

Bundesministerium für Gesundheit (Hrsg.). (2016). *Ratgeber zur Prävention und Gesundheitsförderung (9. aktualisierte Auflage)*. Berlin: Hrsg.

Destatis. (2017). *Öffentlicher Dienst: Beschäftigte im Durchschnitt 44,5 Jahre alt*. Zugriff am 26.08.2022. Verfügbar unter https://www.destatis.de/DE/Themen/Staat/Oeffentlicher-Dienst/im-fokus-beschaeftigte.th

Deutsche Gesetzliche Unfallversicherung (DGUV). (2004). *Verordnung über Arbeitsstätten (Arbeitsstättenverordnung - ArbStättV)*. Zugriff am 07.09.2022. Verfügbar unter https://www.dguv.de/medien/inhalt/praevention/themen_a_z/arbeitsstaetten/arbeitsstaettenverordnung.pdf

Deutsche Gesetzliche Unfallversicherung. (2021). *Anzahl der gemeldeten Arbeitsunfälle je 1.000 Vollarbeiter in Deutschland in den Jahren 1986 bis 2020* [Graph]. In

Statista. (2022). *Anzahl der gemeldeten Arbeitsunfälle je 1.000 Vollarbeiter in Deutschland in den Jahren 1986 bis 2020.* Zugriff am 24.08.2022. Verfügbar unter https://de.statista.com/statistik/daten/studie/696218/umfrage/gemeldete-arbeitsunfaelle-je-1000-vollarbeiterin-deutschland/

Haufe (2018). *Mitarbeiterfluktuation in Deutschland.* Zugriff am 24.08.2022. Verfügbar unter https://www.druckerforum.org/retrospective/2016/www.haufe.de/personal/hr-management/fluktuation-wechselbereitschaft-der-arbeitnehmer-steigt_80_193940.html

Herlt, R. (2017). *Führung ist Beziehung: So optimieren sie die Zusammenarbeit.* Zugriff am 01.09.2022. Verfügbar unter https://coaches.xing.com/magazin/fuehrung-ist-beziehung-so-optimieren-sie-die-zusammenarbeit

Ilmarinen, J. & Tuomi, K. (2004). *Past present and future of work ability.* In: Ilmarinen, J.; Lehtinen, S. (Hrsg.): *Past present and Future of Work Ability – People and Work Research Report 65*, Finnish Institute of Occupational Health, Helsinki.

Klösch, G., Hauschild, P. & Zeitlhofer, J. (2020). *Ermüdung und Arbeitsfähigkeit. Ursachen der Ermüdung und Strategien zur Optimierung der Vigilanz.* Berlin: Springer Gabler.

Meyer, M., Maisuradze, M. & Schenkel, A. (2019). *Krankheitsbedingte Fehlzeiten in der deutschen Wirtschaft im Jahr 2018 – Überblick.* In B. Badura, A. Ducki, H. Schröder, J. Klose & M. Meyer (Hrsg.), Fehlzeiten-Report 2019 Digitalisierung – gesundes Arbeiten ermöglichen (S. 413-478). Berlin: Springer.

Meyer, M., Wing, L., Schenkel, A. & Meschede, M. (2021). *Krankheitsbedingte Fehlzeiten in der deutschen Wirtschaft im Jahr 2020.* Zugriff am 06.09.2022. Verfügbar unter https://www.wido.de/fileadmin/Dateien/Dokumente/Publikationen_Produkte/Buchreihen/Fehlzeitenreport/wido_pra_fzr_2021_krankheitsbedingte_fehlzeiten.pdf

Nohl, J. & Thiemecke, H. (1988). *Systematik zur Durchführung von Gefährdungsanalysen. Teil 1: Theoretische Grundlagen (Schriftenreihe der Bundesanstalt für Arbeitsschutz und Arbeitsmedizin)*. Bremerhaven: Wirtschaftsverlag NW.

Nohl, J. (1989). *Verfahren zur Sicherheitsanalyse. Eine prospektive Methode zur Analyse und Bewertung von Gefährdungen*. Wiesbaden: Springer Gabler.

Robert Koch-Institut [RKI] (Hrsg.). (2015). *Wie gesund sind die älteren Menschen?* In RKI (Hrsg.), Gesundheit in Deutschland. Gesundheitsberichterstattung des Bundes. Gemeinsam getragen von RKI und Destatis (S. 406 – 432). Berlin: Hrsg.

Roelen, C. A. M., Heymans, M. W., Twisk, J. W. R., van der Klink, J. J. L., Groothoff, J. W. & van Rhenen, W. (2014). *Work ability index as tool identify workers risk of premature work exit*. J Occup Rehabil, 24, 747-754.

Stadler, P. & Spieß, E. (2002). *Schriftenreihe der Bundesanstalt für Arbeitsschutz und Arbeitsmedizin. Mitarbeiterorientiertes Führen und soziale Unterstützung am Arbeitsplatz*. Dortmund: Bundesanstalt für Arbeitsschutz und Arbeitsmedizin.

Stockmann, Reinhard, (Hg.), (2004). *Evaluationsforschung. Grundlagen und ausgewählte Forschungsfelder*. Opladen: Leske+Budrich.

Stockmann R. & Meyer W. (2014). *Evaluation. Eine Einführung (2. überarbeitete und aktualisierte Auflage).*, Leverkusen: Verlag Barbara Budrich

Tempel, J. (2010). *Arbeitsbewältigungsindex*. In B. Badura, U. Walter & T. Hehlmann (Hrsg.), Betriebliche Gesundheitspolitik (2., vollständig überarbeitete Aufl., S. 222– 237). Berlin: Springer.

Walle, O. (2021). *Betriebliches Gesundheitsmanagement: Einführung in 6 Phasen*. Zugriff am 03.09.2022. Verfügbar unter https://www.haufe.de/arbeitsschutz/gesundheitumwelt/die-6-phasen-zur-einfuehrung-eines-bgm_94_282458.html

WIdO, & Axel Springer. (2020). *Krankenstand in Deutschland nach Branchen in den Jahren 2017 bis 2019* [Graph]. In Statista. Zugriff am 29.08.2022. Verfügbar unter https://de.statista.com/statistik/daten/studie/492328/umfrage/krankenstand-der-aokmitglieder-in-deutschland-nach-branchen/

6 Abbildungs- und Tabellenverzeichnis

6.1 Abbildungsverzeichnis

BEI GRIN MACHT SICH IHR WISSEN BEZAHLT

- Wir veröffentlichen Ihre Hausarbeit,
  Bachelor- und Masterarbeit

- Ihr eigenes eBook und Buch -
  weltweit in allen wichtigen Shops

- Verdienen Sie an jedem Verkauf

**Jetzt bei www.GRIN.com hochladen
und kostenlos publizieren**